JN417779

창조문학대표시인선 · 240

노을에 기대어 서서

- 요양원

김풍배 시집 4

창조문학사

집에 가고 싶다고
맘대로 갈 수 있간디?

애들이 여기다
심어 놓은 걸

사람도 나이가 들면
나무가 되나보다

김용배 시집
노을에 기대어 서서
나무 (요양원 1)

□ 시인의 말

오래 사는 건 인류의 오래된 꿈이었다.

진시황은 불로초를 찾아 한반도에까지 서복을 보냈다는 전설도 따지고 보면 장수에 대한 간절한 열망이었을 게다. 무병장수는 우리 조상들도 가장 바라던 복이었다.

이제 우리나라도 모든 사람이 바라던 대로 장수시대, 100세 시대가 되었다. 얼마 전 이애란이란 가수가 '100세 인생'이란 노래를 불러 화제가 된 적도 있다.

100세 시대가 되었다고 정말 기쁘고 행복한 세상이 되었는가? 장수가 꼭 행복을 담보해줄까? 선뜻 그 말에 동의하기 어렵다. 밝은 곳이 있으면 어두운 쪽도 있게 마련이다. 어느 연구소의 보고서에 의하면 한국인의 노년 10년 동안 절반은 병석에 누워 보낸다고 한다. 대 가족 사회에서는 누군가 힘없는 노인들을 돌볼 수 있는 사람이 있었다. 그러나 현대의 핵가족 시대에서는 불가능하다. 따라서 대부분의 사람들은 노년의 세월을 요양시설에서 보내지 않으면 안 되는 시대가 눈앞에 와있다.

요양원을 섬기면서 느낀 글들을 모아 한 권의 책으로 묶었다. 여기에 실린 시들은 한 편 한 편이 한 분 한 분 어르신들의 기록이다. 직접 어르신의 모습일 수도 있고, 보호자의 시선일 수도 있고, 또 제삼자의 눈으로 보고 느낀 내용도 있다. 어느 시선이었든 누구나 가야 하는 노년의 모습, 멀지 않은 내 모습,

아니 우리 모두의 모습이라고 생각된다. 초 고령화 시대를 맞아 길어진 노년의 삶을 어떻게 살아야 할 것인가를 고민해 본다.

내용이 다소 무겁고 어두운 것을 고백한다. 동쪽에 솟아오르는 해가 희망에 불타 있다면 서쪽에 지는 해는 쓸쓸할 수밖에 없을 것이다. 다만 이런 시를 읽고 노인에 대한 인식이 새로워지고 경로사상이 조금이라도 높아질 수만 있다면 더없는 보람으로 삼겠다.

부족한 글에 대하여 과분한 해설을 써 주신 평소 존경하는 홍문표 박사님, 항상 용기를 주시고 기도해주시는 이복재 목사님. 늘 아껴주시는 벧엘 요양원 이사장님 내외분, 언제나 최선을 다하시는 원장님 그리고 직원 여러분, 아름다운 봉사로 애쓰시는 요양보호사 선생님들께 감사를 드립니다. 세계적으로 명성을 날리심에도 흔쾌히 제호를 써주신 심응섭 교수님 참으로 감사합니다. 언제나 묵묵히 기다려주고 기도해준 아내와 가족에게 고맙고 사랑한다는 말을 전하고 싶다.

2016. 2

모항에서

노을에 기대어 서서
김풍배 시집

| 차 례 |

노을에 기대어 서서
김풍배 시집

나무

-요양원 1-

집에 가고 싶다고
맘대로 갈 수 있간디?

애들이 여기다
심어 놓은 걸

사람도
나이가 들면
나무가 되나보다

오래 산 벌

-요양원 2-

장독 같은 아들도
앞장 세웠는데

동생 먼저 가는 거야 무슨 도리가 있나

이게 다
오래 살아서
받아지는 벌인 걸

짐
-요양원 3-

그대는 아는가?
살아있는 게
짐이란 걸

나라에도 짐 자식에게도 짐

내 몸이
짐이 될 줄을
그 옛날엔 몰랐어!

울고 싶어라

-요양원 4-

울고 싶어라
울고 싶어라
떠나가면 알거야

시끄럽다 고만해라
시퍼렇게 날 핀잔

가만히
듣다가 보면
알 것 같아 눈물이 핑

허가받은 거짓말

-요양원 5-

입만 열면
죽고 싶다
버릇처럼 말 하더니

구십일 세
할아버지
영양제 맞고 오셨다

노인네
죽고 싶단 말
허가받은 거짓말

구구 팔팔 이삼사

-요양원 6-

상 물리고 돌아앉아
밥 달라고 조르시네

얼룩진 꽃잎처럼 옛 영화만 희끗거려

오로지
남은 재미는
입 즐거움 뿐이네

동백꽃 떨어지듯
구구팔팔 이삼사

세상사람 한 결 같이 바라는 맘이지만

아무도
장담 못하는
늙바탕의 삶일세

단순한 삶

-요양원 7-

철로 위 바퀴처럼
사는 게 단순하다

생활도
마음도
단세포가 되어간다

주님이
더욱 가까이
해말갛게 보인다

봄꿈

-요양원 8-

산 것도 아니고 죽은 것도 아니고

머문 것도 아니고 가는 것도 아닌데

들 날숨 쉬고 있다고 살아있다 말하네

얻은 것도 아니고 잃은 것도 아니고

쥔 것도 아니고 놓은 것도 아닌데

돌아 본 인생 뒤안길 한 바탕 봄 꿈일세

어른도 아이도 아닌

-요양원 9-

오줌, 똥
못 가리면
어른인가 아인가

하는 짓이
어리면
아이인가 어른인가

어른도
아이도 아닌 사람들이 사는 곳

망각의 세월

-요양원 10-

몇 살이요?
몰라
성은 무어요?
생각 안나

이름은?
생각 안나
어디서 살았우?
몰라

잊었어
아주 잊었어
지난날은 잊었어

고독한 이별

-요양원 11-

오늘도 한 영혼
저세상에 보냈다

짚불 사그라지듯 이 세상을 떠났다

아무도
유언 한 마디
들어 줄 사람 없었다

연락 받고 달려 온
유족들의 곡소리

눈 감은 영혼이 듣기라도 하는가?

때 늦은
후회의 눈물
뿌려본들 무엇 하리

건강한 오늘

-요양원 12-

멀쩡한
몸과 맘으로
사는 날 하루가

인형처럼 누워있는
백날 천날 보다 낫다

건강한
오늘 하루가
얼마나 소중한가

사모곡

-요양원 13-

구십 넘게 살아도
보고 싶고 그리워

밤새워 부르시네 오마니 오마니

이승에
못 뵈오는 님
저승 가서 뵈오리

그리는 마음이야
노소가 다를 손가

쉰에 가신 우리 엄마 사무치게 그립다

어머닌
언제 불러도
눈물 나는 그 이름

또 다른 나

-요양원 14-

이곳에 오기 전
그는 착한 어부였다
마주쳐도 고개 숙이는
그는 순한 어부였다
언제나
아내와 함께 바다밖에 모르는

악마 같은 뇌졸중은
모든 걸 앗아갔다
가족도, 친구도, 나이도, 이름도
남은 건
닥치는 대로 휘두르는 주먹뿐

수줍은 어부가 그 사람인가
아무나 때리려드는
그가 그 사람인가
내 속에
또 다른 나는 어떠할까 궁금하네

명절

-요양원 15-

명절이 별거더냐 설 추석이 별거더냐
동쪽에서 해 뜨고 서쪽으로 해 진다
사람이
만들어놓고
호들갑을 떠는 게지

명절이 별거더라 설 추석이 별거더라
찾아와 웃고 울고 더러는 집에 간다
나 홀로
지내는 명절
외롭고도 서럽다

한 때는 내게도 설 추석이 있었지
지난 날 돌아보니 그 때가 꿈만 같다
차라리
지우고 싶은
명절날의 추억들

통곡

-요양원 16-

지날 달 알아봤던
그 아들 몰라보니

어머니, 어머니
어쩌나요 어머니

아들도
어머니처럼
제 정신이 아니네

목욕

-요양원 17-

헌 냄비 얼룩을 수건으로 닦는다
헌 냄비 아프다며 소리소리 지른다
힘든 건
피차 매일반
이마위에 땀방울

헌 냄비 얼룩 있다 나무라지 마라
얼룩이 없다한들 헌 냄비 새것 될까?
사람들
뭐라 하던 간
정성이면 되었지

본능

-요양원 18-

내려놔도
자꾸만
세워놓아 성가시고

올려놔도
자꾸만
내려놓아 성화인데

몸이야
늙기로서니
본능까지 늙으리오

부러운 새

-요양원 19-

미끄러운 시간은
멈춘 듯 고여 있고

우연히 바라본
창밖의 새 한 마리

천근 몸
내려다보며
저런 때도 있었지

만우절

-요양원 20-

구십 삼세
할머닌 날마다 사월 일일

천연스런 말씀에
한 번쯤 깜빡 속네

면회 온
아들 붙들고
하루 종일 굶었어

바퀴소리 발소리

-요양원 21-

철커덕
철커덕
야간열차 가는 소리

철커덕
철커덕
지팡이 짚는 소리

종착역
향하여가는
바퀴소리 발소리

인생 계급장

-요양원 22-

얼굴에
찍혀있는
세월지난 발자국

희노애락
흔적들
골마다 새겨있는

주름은
인생 계급장
지난 삶이 보이네

고역

-요양원 23-

개미처럼 일할 때
노는 게 부러웠지

가만히 드러누워
평안한가 물어본다

고역 중
고역이로다!
일개미가 부럽다

모정

-요양원 24-

갈치 생선
한 토막
젖가슴에 묻어놓고

면회 오는
아들만
기다리는 구십 노모

아들이
그 말을 듣고
바다만큼 울었네

노을에 기대어 서서

-요양원 25-

사랑하다 돌아서
미움이 되었을 때
미움이 사랑보다 더 진할 줄 몰랐어
맺힌 맘
풀지 못하고
한평생을 살았네!

사랑도 미움도
모두가 마음인데
마음 한번 돌이키면 미움도 사랑인 걸
노을에
기대어 서서
허허로운 세월아!

마른 눈물 샘

-요양원 26-

숱하게
울었지라
냇물처럼 흘렀지라

오 남매
혼자 키우느라
밤마다 울었지라

이제는
눈물샘 말라
울고 잡혀도 못 울지라

모르는 게 약

-요양원 27-

많이 알아도
살아가고
조금 알아도 사는데

아는 거
많을수록
근심 걱정도 많아지네!

늙어선
눈귀 닫아서
마음이나 편하세

무자식 상팔자

-요양원 28-

한 부모 열 자식은
하나같이 길러내도

열 자식은 한 부모를
서로 밀며 못 모시네

무자식 상팔자란 말
허튼 말이 아닌 듯

억울하고 분해서
자식 원망 많이 했지

이제 와서 생각하니
자식 잘못 아닐세

여기서 산다는 것도
복이라면 복일 듯

허무한 기다림

-요양원 29-

달덩이 같은 딸이
다섯이나 되건만
아무도 찾지 않아
남 보기 부끄럽다
혹시나
행여나 하다
하루해가 저문다

저무는 가을 해는
유난히도 짧구나!
지나온 한 뼘 인생
돌아보니 덧없다
자식 탓
하지 말거라
저 살기에 바쁘리

포식

-요양원 30-

많이많이 드세요
저희 맘이 편해요

들입다 먹여놓고
흡족하여 돌아가네

포식에
놀란 위장은
밤을 새워 춤추네

루머

-요양원 31-

손목을 잡았다네 젖가슴을 만졌다네

나이 값을 하시오! 체통을 차리시오!

병들고 늙었다 해서 사랑마저 없으랴?

남녀는 자석 같아 가까우면 들러붙지

석양에 걸친 해가 되짚어 다시 뜰까?

두어도 사그라질 불 감아주면 안 되나?

은덕

-요양원 32-

밥 잘 먹고 사는 건
하나님 은덕이고
옷 잘 입고 사는 건
부모님 은덕이고
고무신
깨끗한 건
조강지처 덕일세

지나간 모진 세월
모두 잊고 살아도
하나님 부모님
은공일랑 잊지 마오
만 가지
베푸신 은덕
갚을 길이 없어라!

초록은 동색

-요양원 33-

초록은 동색이라
그렇게들 말 하지만

오뉴월
산에가 봐!
어디가 동색인가?

다 같은
노인네라고
생각까지 같을까?

치매

-요양원 34-

불가사리 한 마리가
뇌 안에 들어왔다

지나온 세월 자취 다 먹어 치우고

모자라
남편 아이들
가족마저 먹었다

추억도 눈물도
그리움도 다 먹고

먹다먹다 지쳐서 내 몸까지 먹는다

나처럼
살아온 나는
어디 갔단 말인가

노래와 춤

-요양원 35-

세상의 모든 인연
무처럼 끊어놓고

눈 부릅떠 움켜졌던
모든 걸 가져가도

어째서
노래와 춤은
거둬갈 줄 모르나?

모노드라마

-요양원 36-

한 사람이 두 사람
세 사람 네 사람 몫

밤새워 주고받는
일인 다역 연극대사

유명한
배우도 아닌
할머니의 인생 극

슬픈 면회

-요양원 37-

정말로 낯 설은 듯
생전처음 보는 듯

아들을 외면하는
어머님 손잡으며

말없이
바라보다가
오열하며 쓰러지네

어른 일곱 살

-요양원 38-

어른
일곱 살
일만 저지르는

철없는
아기는
귀엽기나 하지

갈 때도
올 때 같아야
찾아가는 본향 집

요양비

-요양원 39-

대학생 사년이면
졸업이나 시키지

기약 없는 요양비
가난한 집 제삿날

체납된 세금고지서
절로절로 한숨이

연락받고 부랴부랴
병원에 모시고 가

사진 찍고 피 뽑고
이 검사 저 검사

어머님 오래 사세요
두 눈에선 눈물이

농담

-요양원 40-

얼마나 사시려고
저리 많이 드시나
면회 온 아드님이 농담 삼아 던진 말
어머니
가슴에 박혀
하얀 밤을 지새네

어머니 되었으니
자식마음 편한데
돌려보낸 어머니 생각사록 괘씸해
못 먹고
헐벗은 세월
아깝고도 서러워

어머니의 꾀

-요양원 41-

땅 속에 묻어둔 돈
가져갈까 겁나네

뜸하던 아들내외
소문 듣고 달려와

어머니
어디 묻었노?
거짓말도 못하나?

늙는 것도 죄

-요양원 42-

언제 크나 했는데 나보다 더 늙었네

칠십 아들 붙들고 구십 노모 장탄식

어머님 눈앞에서는 늙는 것도 죄일세

새가 되어

-요양원 43-

한 마리 새가되어
우리 안에 갇혔다

그립다 가고 싶다
나 살던 곳 고향집

부딪고 흔들어보며
날아갈 곳 찾는다

허울

-요양원 44-

감출 것도 없어라

속일 것도 없어라

염치도 잊었어라

수치심도 버렸어라

종착역 다가올수록 벗겨지는 허울들

갈대

-요양원 45-

갯벌에 핀 갈대인가
사람끼리 산다는 건

사소한 말 한마디
부딪히는 마른 마음

늦가을 서걱거리는
황혼녘의 갈대 잎

본성

-요양원 46-

바닷물이 날아간
염전의 바닥같이

이성 지성 날아간
사람들 마음 밭엔

본성이
소금밭처럼
새하얗게 드러나

마비

-요양원 47-

저 세상
갈 때가지
하나인줄 알았는데

살다보니
몸과 마음
따로따로 가는군!

내 몸에
붙어있어도
벌써 내 것 아닐세

남도 아닌데

-요양원 48-

연락받고 찾아와
병원으로 데려가는
아들 내외 바라보며
미안하다 미안해
자식이
남도 아닌데
어쩔 줄을 모르네

저희들 키울 적에
조금만 열이 나도
십 리 길 단걸음에
둘러업고 뛰었었지
그렇게
키워놨어도
고맙구나 고마워

새빨간 거짓말

-요양원 49-

죽고 싶다
죽고 싶다
농약 좀 사다다오

금년엔
가시라고
하나님께 기도 할게요

제 어미
죽으라는 년
다시는 오지마라

정든 집

-요양원 50-

정든 집 나설 때에
한 번 더 보고 올 걸

병원에 간다 해서
멋모르고 나섰지

꿈에선
잘도 가는데
눈 뜨고는 못가네

공평

-요양원 51-

태어날 때 공평하듯
갈 때 되니 같이 되네

가난해도
부해도
유식해도
무식해도

늙은이
하는 짓거리
어린애 꼭 닮았네

간격

-요양원 52-

한쪽은 백지처럼
하얗게 지워지고
한쪽은 새순처럼
새록새록 돋아나네
어쩌다
벌어진 간격
전혀 없네 메울 길

치매라는 몹쓸 병
부모자식 갈라놓고
쌓인 정 남은 정
한 순간에 허무네
벌어진
간격 메우려
안타까운 몸짓들

본정신 헛 정신

-요양원 53-

분명히
늙은 삶도
한 생의 일부인데

정신 갖고 살아가고
정신 놓고 살아가고

어떤 게
행복한지는
하나님만 아신다.

아쉬운 만남

-요양원 54-

꿈에도 그리던 임
꿈속처럼 찾아 왔네
기쁜 마음 뒤로 숨고
원망의 말 앞장서니
말없이
듣고 있지만
벌레 씹은 얼굴일세

큰 맘 먹고 왔으니
고맙다고나 할 걸
마음에 없는 말로
맘만 상해 보냈네
그리움
그리움으로
달랠 때가 좋았네

눈물

-요양원 55-

말조차
잃어버린
중증 치매 어르신

목 놓아 꺼이꺼이
닭똥 같은 눈물을

본정신
돌아 우는가?
보는 사람 다 울었네

어버이 날

-요양원 56-

어머님 부탁으로
아들에게 전화하니
들려오는 첫마디
요양비 보냈어요
어머님
바꿔드릴게요
됐습니다. 전화 뚝

당황하는 나를 보고
오히려 위로하네
괜찮아요, 괜찮아
잘 있으면 되었지
눈가에
이슬 맺히는
그것마저 감추네

상사병

-요양원 57-

상사병은 젊은이만
나는 줄 알았는데
팔십 줄 어르신도 그 병에 걸리셨네
남녀간
사랑 병인 걸
노소 따져 무얼 해?

늙은이 주책없다
흉보지 말아라
육신이 늙었지 마음마저 늙었으랴
마지막
태우는 불꽃
더 환한 줄 모르나?

비바람 모진 티끌
할퀴고 지났어도
심장엔 아직도 푸른 피 솟구치네
고목에
매달려 핀 꽃
서럽도록 고와라.

동백꽃

-요양원 58-

무쇠인들
온전할까
세월 앞에
장사 없네

이 빠지고
눈 귀 먹고
정신마저 희미해

동백꽃
지는 듯하면
오죽이나 좋을까?

일기 예보

-요양원 59-

세상 떠난 큰 아들
기다리는 어머니

날 궂기 전 영락없이
일기예보 하시네

보퉁이
싸들고 앉아
우리 큰애 온댔어.

죄책감

-요양원 60-

억지로 보내 놓고
마음 아파했는데

진즉 올 걸 그랬다
웃으시며 하는 말

어머니
그 말 한마디
폭포 같은 눈물이

삼 복

-요양원 61-

삼복에도
내복을 입어야 견디고요

밤에는
솜이불을 덮어야 잔답니다

고목엔
더위마저도
피해가나 봅니다

들 풀

-요양원 62-

들 가에
핀 꽃들도
지고 나니 한낱 들풀

청춘의 날
날아가니
어느덧 노년 세월

인생도
들풀 같은 걸
지나보니 알겠네

어른

-요양원 63-

나이를 먹었으니
늙은이는 되었는데

하는 짓이 애 같으니
어른이라 하리요

그래도
어르신이라 불러주니 고맙소.

지혜로운 삶

-요양원 64-

고집 세고 막히고
자존심 내세우고

내 하는 일 모두 옳고
남 하는 일 마뜩잖고

그러면
점점 외톨이
늙은 왕따 따로 없네

이해하고 열리고
온유하고 넉넉하고

내말 보다 남의 말
들어주고 화답하고

그러면
말년 인생이
가볍고도 평안해.

탈출

-요양원 65-

뛰어봐야 벼룩이고
날아봐야 손바닥 안

택시로 달아나고
승용차로 돌아오고

더듬이
잘려진 개미
부지런히 도망가

가을

-요양원 66-

창문으로
숨어드는
상큼한 가을 냄새

태엽 끊긴
내 인생에
무슨 상관 있으랴만

저 혼자
오가는 계절
무심할 수 없구나

가을 병

-요양원 67-

어르신
왜 우세요?
나 혼자만 남았어!

깊고 푸른 하늘엔
아스라이 구름 한 점

들국화
몇 가지 꺾어
손에 쥐어 드렸다

석양증후군

-요양원 68-

나는 새도 날 저물면
보금자리 찾아들고
아침에 나온 해는
밤 되기 전 종종 걸음
어르신
비낀 노을에
집에 간다 난리네

뉘엿뉘엿 해 지면
돌아갈 길 바쁜데
저문 해 인생길도
그와 같지 않으랴
내게도
석양증후군
발 치 끝에 서있네

기러기 울음소리

-요양원 69-

늙은 것도
죄가 되네
감옥이 따로 없네

나갈 수도 없지만
나가봐도 갈 곳 없네

기러기
울음소리에
인생무상 느끼오.

국지성 호우

-요양원 70-

그렇게 하고나니
속이 좀 시원한가?

가슴 속 응어리는
풀어내야 한다지만

너와 나
입장 바꿔서
생각 한번 해 보게

가랑잎

-요양원 71-

우듬지에
매어달려
흔들리는 나뭇잎

마음대로
못 하는 게
생명줄이 아니던가?

입으로
먹지 못하고
코로 먹는 가랑잎

가을 해

-요양원 72-

이른 아침 풀잎에
맺혀있는 이슬 같은

떨어져 젖어있는
빛바랜 낙엽 같은

남은 생
가을 해처럼
시나브로 저문다

옷

-요양원 73-

버리자니 아깝고
놔두자니 짐 되네

장 안에 걸려있는
헌 옷 같은 신세여라

요양비
독촉 전화에
짜증내는 그 마음

겨울 풀

-요양원 74-

원 줄기도 말랐고
이파리도 말랐어라

겉으로 보기에는
죽은 듯도 하여라

하지만
땅 밑 뿌리는
인명재천人命在天 고종명考終命

역전逆轉

-요양원 75-

웬수가 따로 있나
저 사람이 웬수지
1층에서 올라온 남편에게 하는 말
한 평생
허공에 찢긴
흘러간 날 분풀이

구박하고 욕해도
매일 같이 올라와서
웬수 웬수 하지 마오
지난날은 잊어주오
남은 생
얼마 되리오
화해하고 삽시다

새해아침

-요양원 76-

또 한해가 저물고
새해가 밝았다
나이도 잊었는데
무슨 소원 있겠나만
아이들
잘되기만을
빌고빌고 또 빌었다

다른 사람 전화에선
자식들의 안부전화
이 사람 저 사람
웃음꽃이 피는데
애꿎은
휴대전화만
열었다 닫았다.

정

-요양원 77-

바뀐다는 그 말에
닭똥 같은 눈물을

몇 달간 들었던 정
이다지도 깊던가?

선생님
차마 못가고
함께 울고 있어요

외식

-요양원 78-

제 멋대로 시켜서
쩝쩝쩝 잘도 먹네

아버지
맛있어요?
그럼! 맛있고말고!

이齒 없어
오물거리며
건성으로 대답해

하루

-요양원 79-

뼈마디 발라내어
아침에 걸어두고

왼 종일 옛날 옛적
어망잡고 흔들다가

하루를
접고 또 접어
머리맡에 놓는다

욕쟁이 할머니

-요양원 80-

알 수 없는 방언처럼
허공 속에 내 뱉는

가만히 들어보면
한 맺힌 붉은 욕설

욕 없이
살 수 없었던
가시밭길 한 세상

착각

-요양원 81-

내 것인 줄
알았는데
내 것은 하나 없네

이승 저승
갈림길에
알몸으로 누워있네

천만년
쥐고 있을 줄
착각하고 살았네

수구초심

-요양원 82-

여우도 죽을 때는
고향 보고 눕는데

아무리 졸라도
들은 척도 하지 않네

이제는
영영 못 가는
나 살던 곳 정든 집

육신

-요양원 83-

무쇠 같던 육신도
세월 앞에 장사없네

눈 비 바람 견뎌 온
오랜 성벽 무너지듯

그림자
꼭 끌어안고
일어날 줄 모르네

외로움

-요양원 84-

아파도
배고파도
참을 수가 있어요

갑갑해도
답답해도
이길 수가 있어요

뼈 녹는
외로움만은
견딜 수가 없어요

인생 정거장

-요양원 85-

내 집이 따로 있나
사는 곳이 내 집이지
가족이 따로 있나
함께 살면 가족이지
마지막
인생 정거장
머무는 곳 요양원

아등바등 할 것 없고
아옹다옹 할 것 없네
결국은 빈손이니
살아온 날 허무하다
마지막
쉬어 가는 곳
남은 인생 정거장

수용受容

-요양원 86-

죽지 부러진 새 한 마리
자식들 손에 이끌려 들어왔다
이리 푸득, 저리 푸득, 파닥거리다
언제나 그렇듯 이삼일 지나니 잠잠하다

끝내 이유를 알지 못한 채
자유와 맞바꾸어진 생존의 조건
싯다르타의 고뇌는
차라리 타인의 몫이었다

지는 꽃들도 많은데
어쩌자고 영산홍은
저리도 무리지어 붉은가?

생의 지나온 그림자를
조금씩 지워가며
마침표가 찍힌 미래를 받아드린다.

어느 면회

-요양원 87-

노인 한 분
휘청거리며 걸어오다
장의자에 털썩 주저앉아
한참을 쉬었다 들어온다

남편도 못 알아보고
아저씨라 부르는 부인을
말 몇 마디 붙여보고
물끄러미 바라만보다가
눈가가 붉어지더니
슬그머니 돌아선다

밖에 나가다 보니
요양원 건너편모퉁이에서
먼 산만 바라보며
쪼그리고 앉아있다

되돌려 연기 할 수 없는
인생 극人生 劇
회한의 눈빛만 애처롭다

아무것도 아닌 걸 가지고

-요양원 88-

A노인과 B노인은
눈만 뜨면 짜그락거린다
아무것도 아닌 걸 가지고

102호실 C노인
저녁 잘 드시고
노래 부르고 박수치다가
별안간 숨을 몰아쉬더니
운명하셨다

아득하게 보여
아예 잊고 사는 삶 의 끝
이승과 저승이
그렇게 붙어 있는데
까짓 거, 아무것도 아닌 걸 가지고

산 사람
모두 가는데
까짓 거,
정말 아무것도 아닌 걸 가지고.

□ 해설

시로 쓴 감동의 노인학

– 김풍배 시집 『노을에 기대어 서서』

홍 문 표

(평론가 · 시인 · 전 오산대학 총장)

김풍배 시인이 이번에 요양원 연작시『노을에 기대 어 서서』를 상재했다. 우선 요양원이라는 소재의 독특함이 우리의 시선을 끌 뿐만 아니라 우리가 평소 무심했던 노인들의 세계를 집요하게 통찰하고 시적 상상력을 동원하여 이를 세상에 드러냈다는 데서 매우 의미 있는 작업이었다는 점을 높이 평가하고 싶다.

우리는 시라고 하면 예로부터 음풍농월吟風弄月, 자연을 노래하고 예찬하는 것으로 만족하려 했고, 아름다운 것들만 탐미하는 것이 예술의 본질로 오해하고 있었다. 아니면 공자의 사무사思無邪처럼 도덕적 선을 추구하는 것만이 시의 의무가 되는 것으로 생각하는 경우도 있었다. 그러나 시의 본질은 괴로운 사람들의 위안물이거나 선생님의 교훈담이 아니라 시도 철학이나 종교처럼 인생이란 무엇이며 사물의 진실은 무엇인가. 즉 인생과 우주의 진실에 대한 목소리를 경청하는 것이며 그 진실을 밝혀 깨닫고 변화된 삶을 도모하는 구원의 몸부림인 것이다.

그런데 지금까지 문학이나 시가 인생이란 무엇인가에 대하여 가장 관심을 보인 분야는 주로 아동이나 청소년이나 중년에 관한 것들이다. 아동에 대하여는 동시나 동화 등 아동문학이 있고, 청소년에 대하여는 청소년 문학이 있으며 일반적으로 문학이라면 대부분 중장년기의 문학이 있을 뿐이다.

인생을 연대별로 구분하면 유년기나 아동기, 청소년기, 중 장년기 그리고 노년기가 있다. 지금 우리나라도 고령화 사회가 되어 이미 65세 이상의 인구가 10%를 넘고 있고, 2018년에는 14%, 2026년에는 20%를 넘어서는 초 고령 사회가 될 것으로 예상한다. 인구의 20%라면 5천만이라고 할 때 1천만이 노인이라는 말이다. 그런데도 지금 우리 문학에는 노년기 문학이 없다. 가장 어려운 시대에 태어나 일제와 전쟁을 거쳐 잿더미에서 이제는 2만 달러 시대의 경제대국으로 만들어 놓은 것이 오늘의 노인들인데, 노인들에 대한 복지 대책이나 사회적인 환경도 참으로 열악하기 그지없다.

최근 버려지는 노인과 자살하는 노인의 기사가 빈번하게 등장하고 있다. 사건마다 안타까움을 느끼지만 자살노인의 수가 매일 7명이나 된다는 사실에 놀라움을 금할 수 없다. 이는 국내 연간 자살률의 2.3배라고 한다. 그리고 이런 통계는 한국인의 자살률이 세계 최고라는 오명을 낳고 있다. 결과가 이렇다면 자살 충동을 느낄 정도의 어려움과 갈등을 겪는 노인은 과연 얼마나 될까를 함께 생각해 보면 가히 심각한 상황이 아닐 수 없다. 일반적으로 자살의 동기는 개인적인 문제가 많지만 노인에게 있어서의 자살은 사회적인 냉대와 무관심의 이유이다. 또한 가족이 노인에 대해 인격적, 신체적, 경제적 학대가 가장 심하다는 통계도 나와 있다. 효를 제일의 덕목으로 지켜온 동방예의 지국이 어쩌다 이 지경까지 왔는지 참으로 안타깝다.

노인 인구증가와 함께 노인 문제를 더욱 심화시키고 있는 사회적 요인이 또 있다. 즉 핵가족과 맞벌이 가정의 증가로 인한 가족 내 부양능력의 약화, 경기침체와 국민소득저하로 인한 노인부양능력의 약화, 그리고 개인주의적 인식변화로 전통적 부양기능의 상실 등이 노인문제를 더욱 심화시키고 있다.

그러나 노인의 문제를 이처럼 정치적인 문제나 사회적인 문제만으로 돌리는데도 문제가 있다. 인간이란 무엇인가. 또는 어떻게 살 것인가라는 궁극적인 문제를 해결함에 있어 지금까지 인간들은 유년기에서 장년기까지만 생각했지 노년기의 인생이란 무엇이며 노년기의 삶을 어떻게 할 것인가에 대한 철학적이고 인문학적인 관심과 고민을 별로 한 일이 없다. 모두들 백세 인생이니 구구팔팔이니 하면서도 인생의 3분의 1을 보낼 자신들의 노년에 대한 삶을 어떻게 할 것인가에 대한 성숙한 문화가 없었다는 것은 정말 심각한 비극이 아닐 수 없다.

이는 인생에 대하여 삶에 대한 가장 고민하고 진실을 추구해야 할 문학에서도, 노인 시, 노인소설, 노인 드라마는 없고, 모두가 젊은 날의 핑크빛 이야기로만 인생을 포장하고 있다. 이러한 문학들은 오히려 인생의 삼분의 일을 차지하는 노년의 삶을 포기하거나 무시하는 것이며 현실을 위장하는 허세의 문학이라 할 수 밖에 없는 것이다. 중장년의 삶만을 화려하게 부각시키는 문학의 이 왜곡된 풍토가 바로 노년을 더욱 비참하게 만들고, 노년을 절망이나 패배로 몰아가는 주범이 되고 있다는 사실을 심각하게 반성할 단계에 이르고 있는 것이다.

이러한 시점에서 이번 김풍배 시인이 '요양원'이라는 부제로 80여 편의 연작시를 발표했다는 것은 소재의 독특함을 넘어서 노인의 문제가 단지 정책적인 문제만이 아니라 노년의 삶에 대한 인문학적이고 시적인 문제로 확대하여 노인문학이라는 새로운 장르를 개척하는 선구적인 횃불을 들었다는데 매우 획기적인 의미가 있음을 알게 되는 것이다.

김시인은 이번 시집에서 먼저 요양원이라는 무엇이며 그곳에 있는 노인들은 누구인가에 대한 근본적인 문제를 그의 시적인 상상력을 통해 애절하게 드러내고 있다.

집에 가고 싶다고
맘대로 갈 수 있간디?

애들이 여기다
심어 놓은 걸

사람도
나이가 들면
나무가 되나보다

「나무」 -요양원 1-

한 마리 새가되어
우리 안에 갇혔다

그립다 가고 싶다
나 살던 곳 고향집

부딪고 흔들어보며
날아갈 곳 찾는다

「새가 되어」 -요양원 43-

정든 집 나설 때에
한 번 더 보고 올 걸

병원에 간다 해서
멋모르고 나섰지

꿈에선
잘도 가는데
눈 뜨고는 못가네

「정든 집」 -요양원 50-

내 집이 따로 있나
사는 곳이 내 집이지
가족이 따로 있나
함께 살면 가족이지
마지막
인생 정거장
머무는 곳 요양원

아등바등 할 것 없고
아옹다옹 할 것 없네
결국은 빈손이니

살아온 날 허무하다
마지막
쉬어 가는 곳
남은 인생 정거장

「인생 정거장」 -요양원 85-

요양원이란 사전적으로 자신을 스스로 돌보지 못하는 사람들에게 넓은 의미의 의료혜택을 제공하는 수용시설이라고 되어 있다. 그런가하면 환자들을 수용하여 휴양하면서 치료받을 수 있는 시설이 갖추어져 있는 보건기관이라고 되어 있다.

그러나 일반병원과 달리 요양원은 가족들이 돌보기 어려운 노인들이 거하는 곳이다. 그러기에 김 시인은 이러한 노인들의 공간을 보다 철학적이고 시적인 안목으로 관찰하면서 노인이란 무엇인가의 문제를 함께 형상화하고 있다.

요양원의 노인이란 무엇인가. 그는 애들이 여기다 심어 놓은 한 그루「나무」라고 했다. 이는 표면적으로는 노인은 요양원이라는 공간을 벗어날 수도 없다는 가족과 요양원의 단절을 나타낸 것이기도 하지만 그 내면에는 중장년까지의 인간과 노년기의 인간에 대한 근본적인 차별성에 대한 인식이다. 활동할 수 있는 인간과 활동이 정지된 인간, 이를 그는 동물적 인간과 식물적 인간인 나무로 이미지화하고 있는 것이다. 이러한 단절성은「새가 되어」에서도 드러난다. 요양원의 노인이란 "한 마리 새가 되어/ 우리 안에 갇혔다"로 표현한다.「정든 집」에서도 삶의 그 단절성이 절실하다. 한 번 요양원에 들어오면 다시는 정들었던 고향집에 돌아가지 못하는 곳, "꿈에선/ 잘도 가는데/

눈 뜨고는 못가네"

요양원 노인들의 삶이란 이처럼 움직일 수 없는 나무, 우리 안에 갇힌 새, 한 번 들어오면 영영 돌아가지 못하는 곳이라는 데서, 더욱 안타까운 존재임을 절실하게 하고 있다. 그래서 아직도 우리 사회에서는 요양원을 기피하고 부정하는 경우도 많다. 그러나 핵가족사회로 변모된 현실에서 또는 돌 볼 수 있는 가족이 없는 처지에서 노인들이 거처할 수 있는 곳은 어디인가. 결론은 요양원일 수밖에 없다. 그렇다면 요양원의 삶을 부정적으로만 생각할 것이 아니라 생의 한 과정으로 인정하는 인식의 전환이 필요하며 오히려 웰 다잉의 공간으로 개선해 가는 공동의 노력이 필요한 시점이다. 그래서 김 시인은 이 요양원 연작시의 마지막에서 「인생 정거장」이라는 작품으로 요양원의 의미를 새롭게 설정하고 있다. "내 집이 따로 있나/ 사는 곳이 내 집이지/ 가족이 따로 있나/ 힘께 살면 가족이지" 어려서는 부모 품에서 살고, 젊어서는 학교에서 직장에서 내 집에서 살고, 늙어서는 요양원에서 사는 것을 당연한 것으로 생각하는 새로운 생존 방식, 내 집, 내 가족, 내 재산이라는 끝없는 소유욕의 집착을 내려놓고, 결국은 빈손이라는 생에 대한 인식을 새롭게 하면서 요양원의 삶을 긍정하자는 것이다.

그러나 김 시인은 이번 시집에서 단지 요양원이 어떤 곳인가를 시적으로 드러내는 것으로 끝나지 않는다. 오히려 요양원 노인들과 함께 지내면서 노인들이란 무엇인가. 노년의 인생은 어떻게 살 것인가. 아니 인생은 누구나 노년을 맞게 되는데 그렇다면 우리는 노년을 어떻게 맞을 것인가 하는 보다 근본적인 노인학을 예리하고 부드러운 시적 상상력으로 조명하고 있는 것이다.

철로 위 바퀴처럼
사는 게 단순하다

생활도
마음도
단세포가 되어간다

주님이
더욱 가까이
해말갛게 보인다

「단순한 삶」 -요양원 7-

삼복에도
내복을 입어야 견디고요

밤에는
솜이불을 덮어야 잔답니다

고목엔
더위마저도
피해가나 봅니다

「삼복」-요양원 61-

뼈마디 발라내어
아침에 걸어두고

왼 종일 옛날 옛적
어망잡고 흔들다가

하루를
접고 또 접어
머리맡에 놓는다

「하루」 -요양원 79 -

몇 살이요?
몰라
성은 무어요?
생각 안나

이름은?
생각 안나
어디서 살았우?
몰라

잊었어
아주 잊었어
지난날은 잊었어

「망각의 세월」 - 요양원 10 -

무쇠 같던 육신도
세월 앞에 장사없네

눈 비 바람 견뎌 온
오랜 성벽 무너지듯

그림자
꼭 끌어안고
일어날 줄 모르네

「육신」 - 요양원 83-

얼굴에
찍혀있는
세월지난 발자국

희노애락
흔적들
골마다 새겨있는

주름은
인생 계급장
지난 삶이 보이네

「인생 계급장 」-요양원 22-

노인학의 시작은 노년기와 중장년기의 차이가 무엇인가에서 출발한다. 시인은 노인의 특징은「단순한 삶」이라고 했다. 삶이 단순해진다는 것이다. 이를 시인은 "생활도/ 마음도/ 단세포가 되어간다"라는 말로 요약한다. 사회적 활동이 단절되니 생활이 단순할 수밖에 없고, 생리적으로 뇌세포분열이 축소되니 생각도 마음도 단순해 질 수밖에 없다. 일찍이 로마의 철학자 키케로는「노년에 대하여」에서 노년을 두려워하는 네 가지가 있는데 첫째는 활동이 부자유스러워진다는 것, 둘째는 체력이 노쇠해진다는 것, 셋째는 육체적 쾌락을 느낄 수 없다는 것, 넷째는 죽음이 코앞에 다가온다는 것을 들었다. 그렇다 노인은 활동이 부자유하고, 체력이 노쇠해지는 것이 당연한 것이다. 그래서 마음도 생활도 단세포가 되고「삼복」에도 내복을 입어야 하는 노쇠현상을 보인다. 그래서 노인의「하루」생활이란 "뼈마디 발라내어/ 아침에 걸어두고// 온 종일 옛날 옛적/ 어망잡고 흔들다가// 하루를 접고 또 접은 비생산적인 일상의 반복이 된다.

그러나 이 정도의 노년은 그래도 건강한 노년의 삶이다. 중증 치매라든지 지체가 부자유한 환자 노인의 경우는 더욱 안타까운 삶이다. 치매 노인의 경우는 나이도 성도 이름도 집도 모른다. 모든 의식이 망각된 자아가 부재한 인생을 산다.「망각의 세월」에서 "잊었어/ 아주 잊었어/ 지난날은 잊었어"가 그것이다. 이처럼 노년기의 삶은 활기에 넘치던 중장년기의 삶과는 전혀 다른 삶의 공간에서 인생을 살고 있는 것이다. 그러나 이러한 삶은 중장년기의 삶과 무관하게 어느 날 갑자기 다가온 그들만의 천형이 아니다. 유년기를 거쳐 청 장년기를 살면서 직장인으로 가장으로 자신과 가족을 지키기 위하여 치열하게 살아온 삶의 결과일 뿐이다.「육신」도 기계와 같아서 쓰고 또 쓰면 부속들이 마모되어 고물이 되고 마는 것이다. " 무쇠 같던 육신도/ 세월 앞에 장사 없네// 눈비바람 견뎌 온/ 오랜 성벽 무너지듯" 무너지고 망가지는 것이 당연한 것이다. 그렇다면 노년의 주름살이나 노년의 불편한 삶을 원망하고 무시할 것이 아니라 열심히 살아온 삶의 빛나는 「인생 계급장」으로 긍정해야 한다는 것이 시인의 강한 목소리가 된다.

한편 김 시인은 이번 시집에서 노년의 특성에서 두 가지 점을 부각시키고 있다. 하나는 아무리 노쇠하여 정신과 육신이 비정상인 것 같지만 끝내 불변하는 감정은 사랑이라는 것이고 다른 하나는 생명에 대한 본능적인 욕구다.

갈치 생선
한 토막
젖가슴에 묻어놓고

면회 오는
아들만
기다리는 구십 노모

아들이
그 말을 듣고
바다만큼 울었네

「모정」-요양원 24-

구십 넘게 살아도
보고 싶고 그리워

밤새워 부르시네 오마니 오마니

이승에
못 뵈오는 님
저승 가서 뵈오리

그리는 마음이야
노소가 다를 손가

쉰에 가신 우리 엄마 사무치게 그립다

어머닌
언제 불러도
눈물 나는 그 이름

「사모곡」-요양원 13-

죽고 싶다
죽고 싶다
농약 좀 사다다오

금년엔
가시라고
하나님께 기도 할게요

제 어미
죽으라는 년
다시는 오지마라

「새빨간 거짓말」 - 요양원 49-

내려놔도
자꾸만
세워놓아 성가시고

올려놔도
자꾸만
내려놓아 성화인데

몸이야
늙기로서니
본능까지 늙으리오

「본능」 - 요양원 18-

유년에서 청장년에서 노년에 이르기까지 인간의 내면에 깔린 불변하는 기억이나 연민의 정은 무엇일까. 그것은 바로 모정이고 어머니에 대한 감정이다. 모태에서 시작된 인간은 결코 어머니의 체온을 잊을 수가 없다. 어머니도 자신의 태에서 자라난 자식을 자신의 인생처럼 사랑할 수밖에 없다. 나아가 혈연의 정, 가족의 정도 이러한 감정의 연장에 있다. 그리고 이러한 관계성에서 인생은 시작되고 인생은 끝나는 것이다. 작품 「모정」

을 보면 노인들이 다른 감정은 망각되었어도 모정은 변치 않고 있음을 보여준다. 그리고 자식들도 부모에 대한 사랑의 감정은 불변한다는 것을 말해주고 있다.「사모곡」을 보면 구십 넘게 살아도 보고 싶고 그리운 것이 어머니다. "밤새워 부르시네 오마니 오마니" 이 애절한 소리를 들어보면 인간은 끝내 천륜을 망각해서는 아니 된다는 메시지를 강하게 느끼게 하고 있는 것이다.

노년의 내면에 숨겨진 또 다른 심리는 바로 죽음의식이다. 이성적으로 현실적으로는 분명히 죽음이 가까운 것이 사실이기에 머리로는 죽음을 받아드리고 있다. 그러나 내면의 본능은 생에 대한 강한 집착을 갖고 있는 것이다. 「새빨간 거짓말」이 그러한 심리를 잘 보여주고 있다. 그 뿐인가. 노인들에게도 이성적 욕망이나 일반인들이 갖고 있는 소유욕이나 성취욕 같은 「본능」도 있는 것이다. 다만 이를 적극적으로 실행할 수 없는 현실적 한계가 있을 뿐이다. 따라서 우리는 노인에 대한 육신적 정신적 특징을 보다 정확히 이해하고 노인에 대한 인식을 새롭게 할 필요가 있다.

김 시인은 요양원에서 수많은 노인들의 삶을 직접 경험하면서 그렇다면 노인들의 삶, 어떻게 살 것인가를 마지막으로 제시하게 된다.

내 것인 줄
알았는데
내 것은 하나 없네

이승 저승
갈림길에
알몸으로 누워있네

천만년
쥐고 있을 줄
착각하고 살았네

「착각」 - 요양원 81-

많이 알아도
살아가고
조금 알아도 사는데

아는 거
많을수록
근심 걱정도 많아지네!

늙어선
눈귀 닫아서
마음이나 편하세

「모르는 게 약」 - 요양원 27-

사랑하다 돌아서
미움이 되었을 때
미움이 사랑보다 더 진할 줄 몰랐어
맺힌 맘
풀지 못하고
한평생을 살았네!

사랑도 미움도
모두가 마음인데
마음 한번 돌이키면 미움도 사랑인 걸

노을에
기대어 서서
허허로운 세월아!

「노을에 기대어 서서」 -요양원 25 -

인간에게 가장 중요한 삶의 방식은 자기 존재에 대한 현실의식이다. 지피지기知彼知己라는 말이 있지만 사실은 지기지피知己知彼다. 자신의 위치를 먼저 알고 남을 알아야한다. 노년을 지혜롭고 편안하게 보내려면 중장년과 다른 노년의 사회적 육체적 정신적 차별성을 알아야 하고 이를 인정해야 한다. 그러나 더욱 중요한 것은 노년에 대한 차별성뿐만 아니라 노년을 포함해서 인생이란 무엇인가를 포괄적으로 이해하는 것이다. 노년은 인생을 마무리하는 시간이다.

따라서 인생을 총체적으로 인식하는 철학이 필요하다. 그 중에 가장 중요한 것이 소유와 무소유다. 그 동안의 삶은 소유에 집착한 삶이었다. 그러나 저승을 눈앞에 둔 노년의 삶에서는 그것이 「착각」 임을 분명히 알아야 한다. 모두가 "내 것인 줄 /알았는데/ 내 것은 하나 없네" 이러한 철학적 인식이 없고는 노년이 행복할 수가 없다. 포기할 줄 알고 내려놓을 줄 알아야 한다. 바로 「모르는 게 약이다」 그만큼 집착에서 초연해야 하는 것이다.

그 동안의 삶은 소유와 욕망의 삶이었다. 그러나 소유는 아무리 소유해도 부족하고 욕망은 계속 결핍을 느낀다. 그러니 세상을 사랑할 줄 모르고 늘 불평하고 미워했다. 그러다가 이제 노인이 된 것이다. 노인이 되고나니 소유와 욕망은 더욱 실현 불가능한 처지가 되었다. 그렇다면 노년에 어떻게 살 것인가.

김 시인은 작품「노을에 기대어 서서」에서 "사랑도 미움도/ 모두가 마음인데/ 마음한 번 돌이키면 미움도 사랑인 걸"로 결론을 맺는다. 노년의 삶을 바르게 직시하고 인생이 무엇인가를 철학적으로 깨달으면서 소유와 욕망으로 야기되는 미움의 인생을 내려놓고 모두를 사랑하는 인식의 대전환을 통하여 노년의 평화, 노년의 자유를 구가하는 삶이 바로 풍요로운 노년의 삶이 될 수 있는 것이다.

이처럼 김풍배 시인의 요양원 소재의 연작시집『노을에 기대서서』는 우리가 무심했거나 외면했던 노인, 노년기의 삶, 노년에 대한 문제들을 감동적인 시적 상상력으로 형상화 하고 있으며, 특히 우리에게 익숙한 시조의 형식을 구사하여 더욱 따뜻하게 드러내고 있는데 이는 우리 시사에서 처음 보는 노인문학일 뿐만 아니라 정말 시로 쓴 감동적인 노인학의 역작이 아닐 수 없다.

김풍배 시집

노을에 기대어 서서

2016년 4월 15일 인쇄
2016년 4월 15일 발행

지은이 김 풍 배
펴낸이 신 용 호
펴낸곳 창조문학사

서울 서대문구 홍은동 397-26 동천아카데미 5층
등록번호 제1-263호
전화 374-9011, Fax 374-5217
공급처 한국출판협동조합 전화 716-5616~9

값 10,000원
ISBN 978-89-7734-463-1